BEI GRIN MACHT SICH IHR WISSEN BEZAHLT

Georg Langner

Mathematische Bildung nach Maria Montessori

Exemplarische Vorstellung der Schule Escuela de Sueños de Luisa

GRIN Verlag

Bibliografische Information der Deutschen Nationalbibliothek:

Die Deutsche Bibliothek verzeichnet diese Publikation in der Deutschen National-
bibliografie; detaillierte bibliografische Daten sind im Internet über http://dnb.d-
nb.de/ abrufbar.

Dieses Werk sowie alle darin enthaltenen einzelnen Beiträge und Abbildungen
sind urheberrechtlich geschützt. Jede Verwertung, die nicht ausdrücklich vom
Urheberrechtsschutz zugelassen ist, bedarf der vorherigen Zustimmung des Verla-
ges. Das gilt insbesondere für Vervielfältigungen, Bearbeitungen, Übersetzungen,
Mikroverfilmungen, Auswertungen durch Datenbanken und für die Einspeicherung
und Verarbeitung in elektronische Systeme. Alle Rechte, auch die des auszugsweisen
Nachdrucks, der fotomechanischen Wiedergabe (einschließlich Mikrokopie) sowie
der Auswertung durch Datenbanken oder ähnliche Einrichtungen, vorbehalten.

Impressum:

Copyright © 2011 GRIN Verlag GmbH
Druck und Bindung: Books on Demand GmbH, Norderstedt Germany
ISBN: 978-3-656-61505-7

Dieses Buch bei GRIN:

http://www.grin.com/de/e-book/270158/mathematische-bildung-nach-maria-mon-
tessori

GRIN - Your knowledge has value

Der GRIN Verlag publiziert seit 1998 wissenschaftliche Arbeiten von Studenten, Hochschullehrern und anderen Akademikern als eBook und gedrucktes Buch. Die Verlagswebsite www.grin.com ist die ideale Plattform zur Veröffentlichung von Hausarbeiten, Abschlussarbeiten, wissenschaftlichen Aufsätzen, Dissertationen und Fachbüchern.

Besuchen Sie uns im Internet:

http://www.grin.com/

http://www.facebook.com/grincom

http://www.twitter.com/grin_com

Technische Universität Dresden

Fakultät für Erziehungswissenschaften

Institut für Allgemeine Erziehungswissenschaft

Seminar: Reformpädagogik aus internationaler Sicht

Sommersemester 2011

Mathematische Bildung nach Maria Montessori

Exemplarische Vorstellung der Schule Escuela de Sueños de Luisa

Eingereicht von:

Georg Langner

Lehramtsbezogener Bachelor Allgemeinbildende Schulen

Spanisch und Gemeinschaftskunde/Rechtserziehung/Wirtschaft

2. Fachsemester

Inhaltsverzeichnis

I   Einführung

Während im Rahmen der Diskussionen über die teilweise zutiefst beunruhigenden Ergebnisse verschiedener internationaler, auf die Evaluierung von Schülerkompetenzen abzielender Studien wie PISA, TIMMS, oder IGLU häufig nur das Verstellen einzelner Stellschrauben innerhalb unseres deutschen Schulsystem eingefordert wird, wirken *Maria Montessoris* Ideen einer das Individuum in respektvoller Weise bei seiner freien Persönlichkeitsentfaltung unterstützenden Pädagogik trotz deren Alters geradezu revolutionär.

Inwiefern die Ansätze Montessoris eine sinnvolle Implementierung in den Mathematikunterricht sein können, ist das tragende Thema dieser Arbeit. Die Vorstellung des Wirkens der während eines Aufenthaltes in Nicaragua von mir besuchten *Escuela de Sueños de Luisa* soll diese Arbeit mit einem praxispädagogischen Einblick komplettieren.

Zunächst möchte ich durch die Darlegung der von mir als am wichtigsten empfundenen Grundlagen der Montessori-Pädagogik ein solides Fundament schaffen, auf dem die anschließend dargelegten Ausführungen zur Mathematikdidaktik nach Montessori teils als sich logisch daraus ergebende Konsequenzen fußen. Der didaktische Hintergrund hinter dem gezielten Einsatz der umfangreichen Mathematikmaterialien soll hierbei gesondert behandelt werden. Abschließend schildere ich auf Basis der Befragungen der Mitarbeiter der *Escuela de Sueños de Luisa* und meiner eigenen Beobachtungen die Erfahrungen bezüglich der benannten Schule, insbesondere zu deren unterrichtspraktischer Realisierung der Vorstellungen Montessori hinsichtlich der *Kultivierung des mathematischen Geistes*. Ich beziehe mich im Wesentlichen auf die vielfältigen Schriften *Maria Montessoris*, aber auch auf Publikationen von deren Sohn *Mario Montessori* sowie *Drenckhahn, Klein, Menges* und *Thom* (u.a.).

II Grundlagen der Montessori-Pädagogik

II.1 Das Kind als Baumeister seiner selbst

Der zentrale Ausgangspunkt aller Bestrebungen der Montessori-Pädagogik besteht in der Überzeugung, dass sämtliche Entwicklungsprozesse den im *inneren Bauplan* des Kindes angelegten *Potenzialen* entspringen. Deren freie Entfaltung muss gewährleistet werden, um eine gesunde Menschwerdung zu ermöglichen, sowohl in physischer, wie vor allem auch in psychischer Hinsicht (vgl. Montessori 1934: 44). Im Inneren des Kindes ist also bereits verankert, in welcher Art und Weise es seine Potenziale ausschöpfen, seine Fähigkeiten ausbilden und seinen Platz in der Welt einnehmen möchte. Es kann insofern „in einem konstruktivistischen Sinne als Schöpfer seines eigenen Lernens und Seins" (Menges 2009: 3) gesehen werden. Montessori schreibt hierzu:

> „Das Kind ist nicht ein leeres Gefäß, das wir mit unserem Wissen angefüllt haben und das uns alles verdankt. Nein, das Kind ist der Baumeister des Menschen, und es gibt niemand, der nicht von dem Kind, das er selbst einmal war, gebildet wurde." (Montessori 1978: 13)

Das Kind strebt unbewusst beständig nach Selbstständigkeit und Loslösung vom Erwachsenen, um seine eigene, freie Persönlichkeit auszubilden (vgl. Montessori 1934: 28). Nach Menges gründet sich hierin der Drang, sämtliche Entwicklungsarbeit selbst zu verrichten und die eigene Person auszuformen (vgl. Menges 2009: 3).

Der Ausschöpfung dieser großartigen inneren Potenziale wurde die zu Montessoris Lebzeiten vorherrschende pädagogische Praxis allerdings in keiner Weise gerecht. Vielmehr war der charakteristische Lehransatz jener Zeit vom Bild des sogenannten *Nürnberger Trichters* geprägt, eben von jenem Versuch, das Kind als das erwähnte leere Gefäß, als von außen formbares, weiches Wachs mit den vermeintlichen Errungenschaften und dem Wissen der Erwachsenenwelt auszustatten und dergestalt zu formen (vgl. Montesssori 1934: 28). Zwar bedient sich die pädagogische Praxis heute wohl kaum noch des Bildes des Nürnberger Trichters, sondern spricht analog der Ideen Montessoris von der Ausgestaltung von Lernumgebungen (vgl. etwa Meyer 2008: 121ff), jedoch bleibt die Orientierung an den individuellen Bedürfnissen des Kindes weit hinter den Forderungen Montessoris zurück. Insbesondere deutlich wird dies in der pädagogischen Praxis der öffentlichen Schulen Nicaraguas, in denen immer noch ein sehr einseitig Lehrer- und Lehrstoff-dominierter Unterricht vorherrscht, der mit Montessoris Gedanken teils heftig kollidiert. Die Formulierung des „Eintrichterns" der Lerninhalte ist häufig nicht fehl am Platz und beschreibt das stumpfe Auswendiglernen und Reproduzieren von Lerninhalten bis hinein in den mathematischen Unterricht, dessen innere Struktur eigentlich in besonders hohem Maße Verständnis und Vorstellungsvermögen fordert.

Nach Montessori steht sich das Kind einer von der Erwachsenenwelt geschaffenen menschlichen Gesellschaft völlig fremd gegenüber.

> „Es ist also ein Wesen, das ganz und gar abseits der von den Menschen geschaffenen sozialen Organisation lebt, ein Fremdling in der künstlichen Welt, die der Mensch neben der Natur und von ihr getrennt sich aufgebaut hat. In der Welt, in die es hineingeboren wird, ist das Kind vorzüglich ein außergesellschaftliches Wesen [...]" (Montessori 1938ª: 9).

Das Kind befindet sich in einer Situation, in der es nicht an der Gestaltung und Organisation menschlicher Gesellschaft partizipieren kann, und „[...] darum das zustande gebrachte Gleichgewicht stört" (ebenda). Die Erwachsenen formen eine Umgebung, die an den ganz anders gearteten Bedürfnissen des Kindes wenig Interesse zeigt. Vielmehr wird versucht, das Kind für die vorgefertigte Form der Erwachsenenwelt gefügig zu machen und in diese hineinzupressen.

Montessori wehrt sich mit aller Macht gegen dieses bevormundende Selbstverständnis der Erwachsenen. Das Kind soll aus seiner Fremdbestimmung und unnatürlichen Reglementierung befreit werden. Der Leitgedanke der Montessori-Pädagogik besteht vielmehr darin, dem Kind unter Achtung seiner Würde und Einzigartigkeit bei seiner individuell gestalteten Entwicklung helfend zur Seite zu stehen, während die Lernprozesse des Kindes von dessen Eigenaktivität getragen werden. Der Erwachsene wird zum aufmerksamen Beobachter, zum Gestalter von anregungsreichen Umgebungen, und das Kind zum aktiven Entdecker und zugleich formgebende Kraft seiner Umwelt. Seine Entwicklung verläuft nach seinem immanenten Bauplan anhand seiner *physischen* und *psychischen Entwicklungsphasen*. „La[ss]t uns den Menschen erkennen lernen, erhaben in seiner wahren Wirklichkeit, la[ss]t uns ihn im zartesten Kind erkennen lernen" (Montessori 1910: 48).

II.2 Entwicklungsphasen nach Montessori

Die Montessori-Pädagogik weist den unterschiedlichen psychomotorischen Entwicklungsphasen des Menschen innerhalb ihrer Stufentheorie die jeweils entsprechenden Erziehungsetappen zu, die von verschiedenen pädagogischen Einrichtungen begleitet werden (vgl. Raapke 2003: Punkt 3 und 7). Bevor diese einzelnen Phasen näher vorgestellt werden, soll zunächst die Begrifflichkeit der sogenannten *sensiblen Perioden* geklärt werden.

II.2.1 Die sensiblen Perioden

Montessori versteht unter sensiblen Perioden bestimmte Phasen in der individuellen Entwicklung des Kindes, in dem es für neue Lerninhalte ganz besonders empfänglich ist, also eine hohe Sensibilität für spezifische Lernprozesse und Umwelteinflüsse besitzt.

„So wie sein Körper in Intervallen wächst und sich entwickelt, so wächst auch seine Persönlichkeit in Perioden bestimmter Sensibilität. Die Entwicklungsarbeit, die das Kind leistet, wird von Gesetzen bestimmt, die wir nicht kennen, und folgt dem Rhythmus einer Aktivität, die uns fremd ist" (Montessori 1996: 10)

Diese Vorstellung deckt sich weitgehend mit Erkenntnissen der Entwicklungsbiologie. Jene sensiblen Phasen werden von dieser auch als sich temporär öffnende Fenster bzw. kritische Perioden bezeichnet, innerhalb deren bestimmte motorische wie auch kognitive Fähigkeiten besonders leicht erlernt und verfeinert werden, währenddessen es zu anderen Zeitpunkten eventuell kaum noch möglich sein wird, die entsprechenden Fertigkeiten zu erlernen (vgl. Klein 2005: 102). Gleichsam eröffnen sich neue Räume für den weiteren Lernprozess, es bilden sich neue Anknüpfpunkte innerhalb des bestehenden Wissensnetzes, an denen zukünftige neue Lerninhalte angedockt werden können. Als Musterbeispiel für die zeitliche Begrenztheit der sensiblen Perioden führt Montessori den Erwerb der Muttersprache im Kleinkindalter an. Das Kind erlernt die es umgebende Sprachstruktur auf natürliche Weise in einer Vollkommenheit, die später trotz aller Anstrengungen nicht mehr aufzuholen ist. Ältere erlernen neue Sprachen hingegen in vollem Bewusstsein über ihre Lernziele, sind aber nur in seltenen Fällen in der Lage, die zu spät erlernte neue Sprache akzentfrei und ohne grammatikalische bzw. orthografische Fehler zu sprechen (vgl. Montessori 1930: 46).

Da sich kaum voraussagen lässt, wann genau sich die individuell variierenden Zeitfenster des Kindes öffnen, wann also genau jene sensiblen Perioden der entsprechenden Geistesfütterung durch stimulierende Umwelteinflüsse bedürfen, ist ein aufmerksames Beobachten des Kindes durch den Erzieher ein Grundanliegen der Montessori-Pädagogik (vgl. Klein 2005: 103). Aufgrund der vorangehend beschriebenen Erkenntnisse kommt Singer zu folgender Schlussfolgerung:

„Die Existenz zeitlich gestaffelter sensibler Phasen für die Ausbildung verschiedener Hirnfunktionen führt zu dem Postulat, dass das Rechte zur rechten
Zeit verfügbar oder angeboten werden muss. Es ist nutzlos, oder womöglich
sogar kontraproduktiv, Inhalte anzubieten, die nicht adäquat verarbeitet werden
können, weil die entsprechenden Entwicklungsfenster nicht offen sind. Da bis-
lang nur wenige Daten darüber vorliegen, wann das menschliche Gehirn welche Informationen benötigt, ist wohl die beste Strategie, sorgfältig zu beobachten, wonach Kinder fragen." (Singer 2003: 74)

Singer formuliert hier aus der Sicht der Gehirnforschung analog zu den Ansätzen Montessoris die Notwendigkeit einer intensiven und aufmerksamen Begleitung des Kindes durch
dessen Erzieher, welchem es obliegt, auf die Äußerungen und Signale des Kindes entsprechend zu reagieren. Montessoris *Stufentheorie* gibt Pädagogen hierfür einen Leitfaden an
die Hand, der verdeutlicht, welche natürlichen Entwicklungsprozesse zu welchen Zeitpunkten in etwa zu erwarten sind und dementsprechend begleitet und angestoßen werden
sollten.

II.2.2 Erste Entwicklungs- und Erziehungsstufe

Die erste Phase der Erziehung umfasst die Entwicklungsprozesse des Kindes im Alter bis
zu sechs Jahren und wird von Montessori wiederrum in zwei jeweils dreijährige Teilphasen
gegliedert. „Nach Montessoris Auffassung, aber auch nach heutigem Forschungsstand,
werden beim Kleinkind die Fähigkeiten der Bewegung, Wahrnehmung, Sprache, Sozialität
usw. grundlegend aufgebaut" (Raapke 2003: Punkt 7). Das Grundlegende, das Formative
dieser ersten Jahre ist die Basis für sämtliche weiteren Entwicklungsprozesse (vgl. Montessori 1938[b]: 19ff). Montessori spricht förderhin vom jungen Kind als einem *psychischen
Embryo*, dem eine zweite, eine gesellschaftliche Geburt bevorsteht. Das Kind reift auf einer neuen Ebene außerhalb des Mutterleibes nach seinem immanenten Bauplan heran. Seine Potenziale sind vorhanden, müssen aber durch seine Umwelt, durch geistige Nahrung,
stimuliert werden. Fuchs schreibt:

„Die psychoembryonale Entwicklungsphase, die von der Geburt bis etwa zum
dritten Lebensjahr dauert, dient zum einen dem Aufbau, der Strukturierung und
Koordination der motorischen und intellektuellen Funktionen des Kindes und
zum Sanieren der vom Individuum zu leistenden Anpassung an ein soziokultu-
relles Umfeld. Diese Phase wird durch die unbewusste Tätigkeit des absorbierenden Geistes bestimmt." (Fuchs 2003: 54)

Zentraler Begriff für die Beschreibung der Vorgänge innerhalb der ersten drei Lebensjahre ist also der des *absorbierenden Geistes*, der die inneren Sensitivitätszentren unbewusst fortlaufend mit neuen geistigen Impulsen versorgt. Montessori bezeichnet diesen als „eine unbewu[ss]te Geistesform, die eine schöpferische Kraft besitzt" (vgl. Montessori 1949: 63). Die im Säugling verfügbaren Potenziale werden durch ein *Absorbieren* der Umgebung - der äußeren Realität des Kindes - angeregt und schaffen nach Vester ein Grundgerüst - ein Netz aus fest verbundenen Fasern im Gehirn des Kindes - welches es fortan ermöglich, sämtliche neue Stimuli irgendwo im Gehirn einzuordnen (vgl. Vester 1978: 31). Die unbewusst in ihrer ganzen Breite abgebildeten Eindrücke der äußeren Welt werden dabei nachhaltig auf kognitiver Ebene des Kindes verankert. Montessori fasst zusammen: „Keine spätere Erziehung kann auslöschen, was in der konstruktiven Epoche der Kindheit inkarniert wurde" (Montessori 1978: 161). Das Wirken des *absorbierenden Geistes* ist besonders charakteristisch für die ersten Lebensjahre, erstreckt sich aber unter steigender Bedeutung des bewussten Handelns bis zu einem Alter von etwa sechs Jahren.

„Unbewusst nimmt [das Kind] alles in sich auf und wechselt allmählich vom Unbewussten zum Bewussten über auf einem Weg, der voller Freude und Liebe ist. Das menschliche Bewusstsein erscheint uns als eine große Errungenschaft. [...] Aber diese Errungenschaft müssen wir teuer bezahlen, denn sobald wir das Bewusstsein erlangen, kostet uns jedes neue Wissen harte Arbeit und Mühe." (Montessori 1967: 71)

In der Montessori-Pädagogik ist für das Aufwachsen und die Erziehung des ganz kleinen Kindes die Familie der wichtigste Ort (vgl. Raapke 2003: Punkt 7). Die grundlegendsten Erfahrungen, die Verankerung des erwähnten Grundgerüstes in den kognitiven Strukturen des Kindes, wie auch die Grundsteine der Persönlichkeitsformung sollen hier gemacht bzw. gelegt werden. Allerdings hat Montessori für den Fall, dass die Eltern die intensiven, begleitend-erzieherischen Aufgaben nicht durchgängig ausüben können - in etwa wegen berufsbedingter Abwesenheit oder mangelndem Interesse am Kind -, auch eine *Kinderkrippe*, eine Betreuung für Kinder ab einem Jahr ins Leben gerufen (vgl. ebenda).

Sowohl in der Familie, wie auch in der Montessori-Kinderkrippe stellen sich zentrale Aufgaben für die Erzieher. Das Beobachten und Fördern der motorischen Fähigkeiten - wie etwa Handbewegungen, Laufen, Gleichgewicht – gehört ebenso dazu, wie die Gestaltung einer emotional unterstützenden, liebevollen und Sicherheit gebenden Atmosphäre und die Schaffung ansprechender Umgebungsreize. Die *Ordnung der äußeren Realität* soll dem Kind dabei helfen, Wechselwirkungen zu erkennen und eine eigene innere Ordnung zu gestalten. Einen ganz wichtigen Part übernimmt hierbei die sich ausbildende Sprachfähigkeit, die es durch Sprach- und Singspiele, Erzählen und Vorlesen zu fördern gilt. Im Mittelpunkt der didaktischen Methodik gelangen etwas später schon die *Übungen des praktischen Lebens*, die den Kindern Schritt für Schritt alltägliche Tätigkeiten - in etwa sich selbst anziehen – in selbstständiger Ausführung anvertraut. Mathematische Inhalte machen noch nicht das Gros der zur Entdeckung bereitstehenden äußeren Impulse aus.

Die zweite Hälfte der ersten Erziehungsstufe ist eng mit dem *Kinderhaus* verknüpft, einer vorschulischen Einrichtung analog dem Kindergarten. Auch das pädagogische Wirken der in dieser Arbeit vorgestellten Schule beginnt mit dieser Phase. Während die ersten drei Lebensjahre großteils vom Wirken des absorbierenden Geistes geprägt waren, wandeln sich nun Schritt für Schritt die unbewusste Rezeption und Intelligenz „zur bewussten und operativen Intelligenz vor allem durch aktives Handeln" (Raapke 2003: Punkt 7). In dieser Phase besonders charakteristisch für die Montessori-Pädagogik ist die Schaffung einer *vorbereiteten Umgebung* - weiter unten näher beleuchtet -, die beständig neue Anreize bietet. Den Erziehern obliegt die Aufgabe, in den Gebrauch und Zweck der verschiedenen Materialien einzuführen. Dies geschieht für jedes Individuum separat. Durch aktives, in zunehmenden Maß selbstständiges Handeln, sollen die ehemals absorbierten Eindrücke der früheren Kindheit allmählich in bewusstes Arbeiten münden.

Besonderes Augenmerk kommt nun den *Sinnesmaterialien* zu, die nicht nur dem Training aller Sinne dienen, sondern zugleich auch als *Schlüssel zur Welt* fungieren. Bei der Überführung des unbewusst Absorbierten in erwähntes bewusstes Arbeiten sollen „grundlegende Ordnungs- und Strukturbegriffe der raum-zeitlichen Welt" (Raapke 2003: Punkt 7) über Sinneseindrücke wahrgenommen und begreifbar gemacht werden, so z.B. das Wissen um groß und klein, lang und kurz, laut und leise. Über Sinnesmaterialien gewinnt das Kind in spielerischer Form erste Vorstellungen von Struktur und Inhalt der Mathematik. Daneben rücken nun auch kulturelle Bedürfnisse und Fähigkeiten - malen, zeichnen, formen, bauen, Musik - in den Bereich der Aufmerksamkeit. Schließlich gewöhnen sich die Kinder an erste erweiterte soziale Bezüge in situationsabhängig gebildeten Gruppen.

II.2.3 Zweite Entwicklungs- und Erziehungsstufe

Die zweite Stufe erstreckt sich wiederrum auf einen Zeitraum von sechs Jahren. Die *Schule des Kindes* ist dabei analog zur Grundschule zu sehen. Beginnend mit dem siebten Lebensjahr macht das Kind nach Montessori eine völlige Veränderung durch. „Das Kind verändert sich körperlich, es wird weniger reizbar, es ist nicht mehr so schön, es bekommt feste Zähne, mit denen es sich *im Leben festbeißt*" (Montessori 1938[b]: 20). Was Montessori hier metaphorisch ausdrückt ist der Drang des Kindes, nun weniger absorbierend, sondern immer aktiver handelnd in die Tiefen der Materie der es umgebenden Welt einzudringen. Während die erste Entwicklungsstufe sich vornehmlich dem Konkreten gewidmet hat, ist für diese Lebensphase eine zunehmende Hinwendung hin zum Abstrakten bezeichnend (vgl. ebenda).

> „Die Kinder dieser Stufe sind nach Montessori ebenso wie nach Erkenntnis heutiger Entwicklungspsychologen besonders wissbegierig; ihre *hungrige Intelligenz* braucht reichlich *Futter*. Sie wollen alles wissen über diese Welt, und sie sind in der Lage, sich jenseits ihrer konkreten Wahrnehmung zusammenhängende Vorstellungsbilder von der Welt und ihren Teilen zu schaffen." (Raapke 2003: Punkt 7)

Neben einer umfangreichen Vorstellungskraft entwickelt sich also auch die Abstraktionsfähigkeit zu einem wichtigen Grundpfeiler des kognitiven Leistungsvermögens. Dies ist besonders im Hinblick auf die nun zunehmende Komplexität mathematischer Inhalte wichtig, wie weiter unten näher ausgeführt. Innerhalb der mathematischen Grundbildung wird neben der Beherrschung der Grundrechenarten auf das Denken in mathematischen Strukturen und Modellen hingewirkt (vgl. Raapke 2003: Punkt 7).

Der Erwerb solider Basiskompetenzen in der Mathematik, im Lesen und im Schreiben sowie in der Elementarbildung im naturwissenschaftlichen, sozialen und kulturellen Sinne wird vom großen Wissensdurst des Kindes begünstigt. Montessori sieht in dem sich emanzipierendem Kind, dem sich artikulierenden Forschungsdrang, den Keim für die spätere Wissenschaft gelegt (vgl. Montessori 1938[b]: 20ff). Im Sinne einer *kosmischen Erziehung* gewinnt ein ganzheitlicher, fächerübergreifender, gern auch außerschulischer Unterricht mit umfangreichen Themenangeboten an Bedeutung. Die möglichen Lernthemen aus Religion und Ethik, Mathematik, Physik, Chemie, Biologie, Geographie, Geschichte oder auch Kunst gehen dabei weit über die im Sachkundeunterricht in deutschen Schulen, wie auch die Lerngebiete öffentlicher nicaraguanischer Grundschulen hinaus. Eine besondere Relevanz kommt auch der sozialen bzw. moralischen Entwicklung des Kindes - in etwa durch Gruppenarbeiten begünstigt – zu. Montessori schreibt, dass das Individuum in dieser Lebensphase ganz besonders sensibel für Moral und Gerechtigkeit ist (vgl. Montessori 1938[b]: 21). Insofern erwerben Kinder ein soziales Bewusstsein und entwickeln die Fähigkeit, eigenes und fremdes Handeln zu beurteilen (vgl. Raapke 2003: Punkt 7).

II.2.4 Dritte Entwicklungs- und Erziehungsstufe

Die dritte Stufe, die sich im Regelfall vom zwölften Lebensjahr bis zur Volljährigkeit erstreckt, wurde von Montessori mit dem Konzept der *Erfahrungsschule des sozialen Lebens* verknüpft. Dieser Teil der Montessori-Pädagogik ist - wohl aufgrund seiner Komplexität und hindernder gesellschaftlicher Rahmenbedingungen - nur selten umgesetzt. So gab es nach Raapke im Jahr 2003 in Deutschland lediglich vier Gesamtschulen und vier Gymnasien, welche sich in ihrer Arbeit nur auf Montessori bezogen. Doch auch diese haben lediglich Teile der Erfahrungsschule des sozialen Lebens in die pädagogische Praxis eingebunden (vgl. Raabke 2003: Punkt 7). Häufiger dagegen wird das Element der umfangreichen Freiarbeit als ein Bestandteil von Montessori-Pädagogik in weiterführenden Schulen zum tragenden Grundgerüst des Lehr-Lern-Prozesses. Auch die weiter unten vorgestellte Schule bezieht sich nur auf einen Zeitraum bis einschließlich des dritten Jahres des Kinderhauses. Der Vollständigkeit halber möchte ich dennoch kurz die Grundpfeiler dieser dritten Entwicklungs- und Erziehungsperiode umreißen.

Montessori begreift die Jugendphase als eine Zeit der Emanzipation vom familiären Umfeld. Die Jugendlichen befinden sich in einem Übergang zur Mentalität eines Erwachsenen, der fortan innerhalb des gesellschaftlichen Rahmens leben muss. Voraussetzung dieses Wandels ist die Entwicklung eines abstrakten sozialen Gefühls für die Belange nicht nur seines eigenen engen Umfelds, sondern auch für die Gesellschaft als solches. Die Individuen interessieren sich zunehmend für die Wechselbeziehungen und Wertzuschreibungen ihrer eigenen Person mit der Gesellschaft (vgl. Montessori 1938[b]: 22f). Aufgrund ihrer von Pubertät und Selbstfindungsphase geprägten komplexen Gefühlswelt bedürfen die Jugendlichen gleichermaßen Förderung und Schutz (vgl. Raapke 2003: Punkt 7).

Den Übergang zum gesellschaftlichen Subjekt sieht Montessori am besten gefördert, wenn der junge Mensch fernab seines familiären Milieus in ländlicher Umgebung selbstständig - wohl aber im Kontext einer Arbeitsgruppe - zugleich wissenschaffende wie auch lebenspraktische Erfahrungen sammelt. Dies soll mit dem Konzept des *Erdkinderplans* verwirklicht werden, welches eine ländliche Lebensform innerhalb eines *Studien- und Arbeitszentrums* vorsieht. Dieses beinhaltet einen Bauernhof als naturverbundene Produktionsstätte, ein daran gekoppeltes Gästehaus als Dienstleistungs- bzw. Kontakteinrichtung sowie ein Geschäft als Ort des Vertriebs und der Kommunikation (vgl. Montessori 1948: 150ff). Der *Studien- und Arbeitsplan* beinhaltet neben moralischen und auf körperliche

Gesundheit ausgerichteten Aspekten ein umfangreiches Spektrum an Unterrichtsinhalten, die bereits deutlich wissenschaftslastiger und abstrakter ausgerichtet sind. Bedeutung kommt hier dem *persönlichen Ausdruck* durch Musik, Rhetorik und künstlerisches Gestalten wie auch einer umfassenden Bildung im Sinne der *kosmischen Erziehung* zu. Desweiteren steht der *Aufbau einer Personalität* im Fokus der Bemühungen, welcher von den Säulen Moral, Sprache und Mathematik getragen werden. Montessori erkennt hier eine *vitale Bedeutung der Mathematik* (vgl. Raapke 2003: Punkt 7).

II.3 Vorbereitete Umgebung

Wie bereits mehrfach angedeutet, ist die *vorbereitete Umgebung* neben der Beobachtung des Kindes der essenzielle Bestandteil sämtlicher erzieherischer Anstrengungen, ohne den die Montessori-Pädagogik nicht funktionstüchtig ist. Montessori schreibt:

> „Die Grundlage [der Montessori-Pädagogik] ist also nicht das Nachdenken darüber, wie man das Kind lehren oder erzieherisch beeinflussen kann, sondern wie man ihm eine Umgebung schaffen kann, die seiner Entwicklung förderlich ist, um es dann in dieser Umgebung sich frei entwickeln zu lassen." (Montessori 1996: 51)

Die vorbereitete Umgebung richtet sich ganz auf die Äußerungen des Kindes und dessen sensiblen Phasen. Sie ist insofern sehr flexibel und beobachtungsabhängig zu gestalten. Selbstverständlich verändern sich die Stimulierungsimpulse analog zu den verschiedenen Entwicklungsphasen. Wie schon zuvor erwähnt beinhaltet der Begriff der Umgebung nicht nur Gegenstände physischer Form, sondern muss auch emotionalen Bedürfnissen der Individuen gerecht werden. So sind in frühen Jahren etwa die Vermittlung von Mutterliebe und Geborgenheit ein konstitutiver Bestandteil der gesunden Persönlichkeitsformung, während die Persönlichkeitsentfaltung und Emanzipation des Heranwachsenden Schritt für Schritt durch andere Rahmenbedingungen - wie etwa der Erfahrungsschule des sozialen Lebens - ermöglicht werden sollen.

Auch die zur Verfügung gestellten Materialien erleben abhängig vom Entwicklungsfortschritt des Kindes eine stete Evolution. Während in frühen Jahren vermehrt Impulse aus *Übungen des praktischen Lebens* und *Sinnesmaterialien* zum Einsatz kommen, entwickeln sich etwa aus letzteren zunehmend komplexer werdende *Mathematik - und Sprachmaterialien* sowie das *Material für die kosmische Erziehung* (vgl. Menges 2009: 7). Die Materialien und die generelle Gestaltung der vorbereiteten Umgebung sind dabei ganz auf die sogenannte *Polarisation der Aufmerksamkeit* ausgerichtet. Damit wird das Phänomen bezeichnet, dass schon Kleinstkinder - entgegen der landläufigen Meinung, Kinder könnten sich kaum länger auf eine einzige Sache konzentrieren - in der Lage sind, ihre gesamte Aufmerksamkeit über einen längeren Zeitraum auf nur eine Sache, einen Gegenstand, eine Entdeckung richten und fixieren können. Wenn sich das Kind also in einer sensiblen Phase befindet, und mit dem richtigen äußerlichen Impuls in Berührung kommt, kann es sich diesem voll und ganz hingeben und hierbei die größten Lernzuwächse erreichen (vgl. Montessori 1916: 17ff). Dieses Potenzial möchte die Montessori-Pädagogik nutzbar machen.

II.4 Freie Arbeit

Die vorbereitete Umgebung bietet den Rahmen für die Freiarbeit als zentrale Arbeitsmethode bei Montessori. „Das Kind entscheidet selbst was es, wie, wo und mit wem lernen will" (Menges 2009: 11). Dies bedeutet, dass das Kind innerhalb der entsprechend vorbereiteten Umgebung über die freie Wahl verfügt bezüglich der Art des Materials, den Partnern, dem Zeitpunkt, zu dem es die Arbeit beginnt sowie der Zeitdauer, die es für die Beschäftigung aufbringen möchte. Diese Forderung Montessoris ergibt sich unmittelbar aus dem Respekt und der Achtung gegenüber den im Kind innewohnenden Potenzialen bzw. dem immanenten Bauplan des Kindes. Montessori schreibt:

> „Die Freiheit ist dann erlangt, wenn das Kind sich seinen inneren Gesetzen nach, den Bedürfnissen seiner Entwicklung entsprechend, entfalten kann. Das Kind ist frei, wenn es von der erdrückenden Energie des Erwachsenen unabhängig geworden ist." (Montessori 1934: 42)

Das Lernen in Freiarbeit ist also für eine gesunde Entwicklung des Kindes unerlässlich. Montessori lässt es aber weiterhin nicht unerwähnt, dass mit dieser Freiheit nicht Beliebigkeit gemeint ist, sondern auch sie ihre definierten Regeln und Grenzen im Gemeinwohl besitzt. Disziplin sowie die Unterstützung des Erziehers sind notwendig. Das Besondere ist, dass die Kinder in dieser Freiheit „[...] voll Freude arbeiten und sich die Kultur durch eigene Aktivität erwerben, dass die Disziplin aus dem Kind selbst entsteht" (ebenda).

III Mathematische Bildung nach Montessori

III.1 Didaktische Ansätze

Aus Montessoris Überlegungen bezüglich der Erziehung und Bildung des Kindes ergeben sich weitreichende Konsequenzen für die Entwicklung des mathematischen Bewusstseins. Montessori spricht von einem *mathematischen Geist*, der dem Menschen innewohnt. Der Mensch verfügt über einen inneren Drang, sich mathematische Ordnungsstrukturen und Muster anzueignen und diese gleichsam als Hilfe für das abstrakte Verständnis seiner Lebenswirklichkeit einzusetzen (vgl. Montessori 1961⁷: 136f). Im Sinne der Montessori-Pädagogik muss diesem natürlichen Potenzial zur freien Entfaltung verholfen werden. *Die Kultivierung des mathematischen Geistes* erscheint umso wichtiger, als da dieser wie oben erwähnt eine vitale Kraft bei der Persönlichkeitsformung ist. Nach Mario Montessori liegt der Kerngehalt jener Kultivierung des mathematischen Geistes darin, „to allow the child to arrive at his own abstraction through individual experience. This happens at different levels and is always accompanied by intense interest" (ebenda).

Drenckhahn formuliert ein Modell *didaktischer Strukturstufen der Mathematik*, welches „[...] die im Unterricht der verschiedenen Altersstufen zutage tretende Unsicherheit bezüglich des mathematischen Stoffes durch Abstimmung der Strukturstufen auf alterstypische Erkenntnisweisen" beseitigen möchte. Die *erste Strukturstufe* ist eine an der Realität ausgerichtete, experimentell-induktive Phase, welche mit dem Hang zum konkret-logischen Denken der sieben- bis zwölfjährigen im Einklang steht. Die *zweite Stufe* entspricht dem abstrakt-logischen Denkens der 13- bis 15jährigen. Hier halten sich begriffliche Vorstellungen und abstrahierte Anschauungen mit Realistischen Bezugspunkten die Waage. Die darauf folgende *dritte Strukturstufe* ist schließlich vor allem in der Begriffswelt angesiedelt und logisch-deduktiv orientiert. Damit entspricht sie den formal-logischen Denkstrukturen dieser letzten Altersstufe (vgl. Drenckhahn 1961: 179).

Obgleich der für die Montessori-Pädagogik so wichtigen ersten Entwicklungsstufe im Alter zwischen zwei und sechs Jahren - in der Regel begleitet von der schulischen Form des Kinderhauses - „keine irgendwie geartete Mathematik zuzuweisen" (ebenda) sei, da die Kinder diesen Alters die wahrgenommenen Ordnungsstrukturen noch nicht zu geschlossenen Systemen zusammenfassen können, misst Drenckhahn analog zu Montessori dieser Periode einen fundamentalen Wert für alle folgenden Lernprozesse zu (vgl. ebenda). Das für diesen Zeitraum charakteristische anschaulich-symbolische Denken innerhalb dieser konkret-logischen Entwicklungsstufe gilt es bestmöglich mit geistiger Nahrung zu stimulieren, um das Kind auf ein späteres von Eigeninitiative und Forschungsdrang geprägtes Erschließen neuer mathematischer Inhalte vorzubereiten.

Das Ziel des Mathematikunterrichts Montessoris besteht „im allgemeinbildenden Sinne im Aufbau von *Verständnis*" (Thom 2009), das Mathematik unmittelbar erfahrbar macht. Die mathematischen Montessori-Materialien lassen sich als Konkretisierungen bzw. Vergegenständlichungen der mathematischen Begriffswelt bezeichnen und erlauben Einsicht und Verständnis in mathematische Ordnungsgefüge unter Nutzung sämtlicher Sinne. Dies wird dem immanenten Streben des Menschen nach einer strukturierten, geordneten Sicht auf die Welt gerecht (vgl. Drenckhahn 1961: 174). Die Ableitung des Abstrakten bzw. des Begrifflichen vom Konkreten, mit den eigenen Sinnen Wahrnehmbaren, ist die Grundlage der Herangehensweise Montessoris. Im frühen Entwicklungsstadium geschieht dies - eine entsprechend vorbereitete Umgebung vorausgesetzt - durch das Wirken des absorbierenden Geist noch unbewusst, wandelt sich aber immer mehr zu einem bewussten, vom Kind ausgehenden, aktiven Verständlichmachen neuer Inhalte und mathematischer Systematiken.

Nach Thom entfaltet der mathematische Geist in Verbindung mit der Organisation der kognitiven Struktur, also der Schaffung von abstrakten Modellen und Schemata seine ganze Wirkung. Die Montessori-Pädagogik lässt hierbei empirische Abstraktion als direkte Abstraktionshandlung am Material theoretischen Abstraktionen folgen. Man spricht von *materialisierter Abstraktion*. Mathematische Bildung soll dem Kind verhelfen, in aktiver und gestalterischer Weise operative Zusammenhänge zu erkennen, deren Muster zu identifizieren und fortsetzen zu können. Die vom Denken in Analogien geprägte, ganzheitliche Herangehensweise an die Logiksysteme der Mathematik lassen es zu, dass das Kind systematisch und wiederkehrend Erkenntnisgewinne erzielt (vgl. Thom 2009).

III.2 Materialieneinsatz

Die impulsgebenden Materialien sind das hauptsächliche Medium, durch welchen die Lernprozesse angestoßen und Lernerfolge realisiert werden können. Als besonders wertvollen *Schlüssel zur Welt* ist die Struktur der Unterrichtsmaterialien zu erachten, die größtenteils einen ganzheitlichen Zusammenhang zwischen Arithmetik, Geometrie und Algebra herstellt und damit das Kind herausfordert, sich eben jene gegenseitigen Abhängigkeiten zu erschließen. Die Materialien ermöglichen generell ein selbstständiges Arbeiten - teils auch in Gruppenarbeit – sowie die Möglichkeit einer selbst durchführbaren Fehlerkontrolle (vgl. Menges 2009: 7). Diese ist entweder bereits materialimmanent - d.h. eine Bewältigung der vom Material ausgehenden Aufgabe ist bei Fehlern nicht möglich – oder sie erfolgt über anschließendes Vergleichen des Ergebnisses mit Vorlagen. In jedem Falle aber es möglich, auf Fehler selbst zu stoßen und diese zu korrigieren, ohne die Hilfe von Erwachsenen in Anspruch nehmen zu müssen. Desweiteren warten die Materialien mit einer durchgehend ansprechenden Ästhetik hinsichtlich der Form- und Farbgebung auf, die das Kind zum Aktivwerden auffordern (vgl. ebenda).

Im Hinblick auf die Förderung von Abstraktionsprozessen und der Herbeiführung konkreter Lernzuwächse wichtigstes Charakteristikum des Materials ist die Isolierung einzelner Merkmale, wie Größe, Länge, Farbe oder Gewicht, die dem Kind die gewünschte *Polarisation der Aufmerksamkeit* auf einen spezifischen Ausschnitt der Wirklichkeit bzw. der mathematischen Begriffswelt ermöglicht. „So werden sie [die Eigenschaften] als Kategorien der Wahrnehmung bewusst gemacht" (Klein 2005: 110). Desweiteren fordern die Materialien zu Wiederholungen heraus und ermöglichen eine beliebig lange Beschäftigungsdauer.

Die angewandten Sinnes- bzw. später Mathematikmaterialien durchlaufen entsprechend der unterschiedlichen Entwicklungsphasen des Kindes eine Entwicklung vom Experimentell-Induktiven bis zum Begrifflichen und Logischen (vgl. Drenckhahn 1961: 182). So werden fortlaufend Grundlagen für spätere, höhere und abstraktere Ebenen für das mathematische Verständnis geschaffen. Mit steigendem Erkenntnisfortschritt verläuft das methodische Herantasten an neue Inhalte zunehmend immaterieller, Modelle werden weniger vorgegeben, als vom Lernenden vielmehr selbst entwickelt (vgl. ebenda). Dies beinhaltet auch rein geistige Modellvorstellungen, die sich in den kognitiven Strukturen eines Jugendlichen bilden. Die Nutzung der Montessori-Materialien nimmt in frühen Jahren also deutlich mehr Raum im Lernprozess ein, während in späteren Jahren eher auf konventionelle Materialien und den Forschungsdrang des Jugendlichen gesetzt wird.

Der Einsatz von der Mathematik dienlichen Materialien beginnt bereits im Kinderhaus. Da die natürliche Umgebung dem Kind in dieser Zeit in der Regel wenig Zugangsmöglichkeiten für mathematische Inhalte bietet, sich aber bereits sensible Perioden für eben diese öffnen, werden die Kinder in Kontakt mit den sogenannten *Sinnesmaterialien* gebracht (vgl. Montessori 1961: 140). Diese Materialien vergegenständlichen in isolierter Form abstrakte Merkmale wie Farbe, Form, Gewicht oder Größe, um „den Aufbau von Denk- und Organisationsstrukturen beim Kind von Anfang an zu unterstützen" (Obrzut 2003: 2). Materialien wie beispielsweise der *Rosa Turm* oder die *Roten Stangen* lassen durch visuelle Wahrnehmung und Ertasten der einzelnen Bestandteile eine Begriffsbildung der verschiedenen Dimensionen zu und bilden zugleich das Fundament der späteren Mathematikmaterialien.

Die im *Kinderhaus* wie auch in der *Schule des Kindes* eingesetzten *Mathematikmaterialien* helfen zunächst, den Zahlenbereich von 0 bis 10 kennenzulernen und die den Zahlen zugeordnete Symbolik lesen und schreiben zu lernen. Dabei schaffen die Materialien teilweise direkte Bezüge zu zuvor verwendeten Sinnesmaterialien. Das Kind befindet sich aufgrund seiner Erfahrungen mit den anderen Materialien in der Lage, seine kognitive Struktur um die neuen Inhalte zu erweitern. So lässt sich die Grundstruktur etwa der *Numerischen Stangen* aus den *Roten Stangen* ableiten. Nach der Beherrschung des Zahlenbereiches bis 10 kann sich das Kind umgehend Operationen mit bis zu vierstelligen Zahlen bzw. Mengen zuwenden und erhält auf diese Weise Einsicht in Quantitäten und die Funktionsweise des Dezimalsystems. Als zentrales Material fungiert hierbei das *Goldene Perlenmaterial*, welches die Struktur des Dezimalsystems begreifbar macht und mit seinen geometrischen Bezügen verbindet. Das Goldene Perlenmaterial lässt das Kind mit seinen vielfältigen Anwendungsmöglichkeiten ein solides, konkret greifbares Grundgerüst schaffen, auf Basis dessen sich die später immer abstrakter werdenden Vorstellungen entwickeln können. So kann auch, trotz zunehmendem Übergang zur autonomen Abstraktion, immer wieder auf die unterstützende Veranschaulichung dieses Materials zurückgegriffen werden. Dies geschieht beispielsweise bei der Einführung von Addition, Subtraktion, Multiplikation und Division, die zwar maßgeblich von neuen, abstrakteren Materialien wie *Schlangenspielen* und den verschiedenen *Brettern der Grundrechenarten* getragen, jedoch auch mit dem bekannten Material begleitet werden (vgl. Oprzut 2003: 3ff).

Nach Einschätzung Thoms fördert

„[d]ie Vielzahl an Materialien bei Montessori [...] nicht die Bindung an das Material, sondern ermöglicht im Gegenteil gerade die Ablösung vom konkreten Material und die Schemainduktion grundlegender Vorstellungen." (Thom 2009)

Der Einsatz der Montessori-Materialien der Mathematik ist im didaktischen Sinne insofern als ein Konzept mit sehr positiven Erfolgsaussichten zu sehen und fördert die *Kultivierung des mathematischen Geistes* mitsamt des ihm immanenten Forschungsdranges.

IV Escuela de Sueños de Luisa

IV.1 Die Schule – Projekthintergrund

Die Schule *Escuela de Sueños de Luisa* - zu deutsch: *Schule der Träume von Luisa* - ist das Kernprojekt der dahinterstehenden Non-Profit-Organisation *The Right to Learn*, welche von der US-Amerikanerin *Louise Brunberg* - selbst ehemalige Lehrerin im Ruhestand - im Jahr 1996 gegründet wurde. Aus einer Suppenküche für Kinder der ärmsten Familien der nicaraguanischen Kleinstadt *Nagarote* hat sich eine kostenfreie Schule entwickelt, die seit 2007 nach der Methodik von Montessori unterrichtet. Die Finanzierung des Projektes läuft auf Spendenbasis, die Schule wird nicht staatlich unterstützt.

Nicaragua ist nach Haiti das zweitärmste Land Lateinamerikas. Die Arbeitslosenquote ist enorm hoch und das Gros der Arbeitsplätze fordert nur gering qualifizierte Arbeitnehmer. Als Louise Brunberg das Schulprojekt gründete, war der Besuch der öffentlichen Schulen aufgrund der neoliberalen Reformen nach dem Zusammenbruch des Sandinismus 1990 im Gegensatz zur heutigen Regelung nicht kostenfrei. Auch heute noch sehen sich einige Familien trotz landesweit kostenfreier Schuldbildung kaum in der Lage, die Begleitkosten des Schulbesuches ihrer Kinder zu finanzieren. Aufgrund dieser Tatsache hat es sich die *Escuela de Sueños de Luisa* bzw. *The Right to Learn* zum Ziel gesetzt, den benachteiligten Kindern in Nagarote eine qualitativ hochwertige, kostenfreie Schulbildung zu bieten. Dies beinhaltet weiterhin den Anspruch, weitere Notwendigkeiten wie Transport, Schulutensilien, Schuluniform und Schuhe sowie Frühstück und Mittagessen anzubieten.

Momentan lernen in der *Escuela de Sueños de Luisa* 135 Kinder im Alter zwischen drei und zwölf Jahren. Hinzu kommen etwa 60 Stipendien für ehemalige Schüler, die beim weiteren Bildungsweg in der Primaria ab Klasse 4 (Grundschule, Klasse 1 bis 6) bzw. der *Secundaria* (sekundärer Bildungsweg, Klasse 7 bis 11) finanziell unterstützt werden. Um sicherzustellen, dass das umfassende Bildungsangebot tatsächlich den am meisten bedürftigen Familien bzw. Kindern zu Gute kommt, arbeitet die Schule mit den örtlichen Behörden zusammen. Die schulische Einrichtung beinhaltet 5 Klassenzimmer, eine kleine Schulküche, saubere sanitäre Anlagen, einen Wassertank für die mitunter eintretenden Ausfälle der öffentlichen Wasserversorgung, eine kleine Bibliothek mit Büchern aller Coleur und einen etwas begrenzten Platz zum Spielen und Herumtollen. Den Kindern ist es während mancher Pausen darüber hinaus gestattet, das Schulgelände zu verlassen und das Gelände des nahegelegenen Aussichtspunktes für die Befriedigung ihres Bedürfnisses nach physischer Aktivität und Bewegung zu nutzen.

Aufgrund des begrenzten Platzangebotes sowie einer gewissen ökonomischen Effizienz geschuldet werden die Kinder - wie auch in öffentlichen nicaraguanischen Schulen üblich - in zwei *turnos* unterrichtet. Das bedeutet, dass ein Teil der Kinder am Vormittag zwischen 7 Uhr und 12 Uhr, der andere Teil am Nachmittag zwischen 12:30 und 17 Uhr die Möglichkeit der Montessori-Pädagogik wahrnimmt. Die jüngsten der Kinder befinden sich in einem Alter von drei Jahren und besuchen das erste Niveau der Sektion *preescolar*, welche Montessoris Idee vom *Kinderhaus* entspricht. Je nach Leistungsstand und individueller Bedürfnisse bewegen sich die Kinder innerhalb der dreistufigen Gliederung dieses Teils der Schule, in dem die ältesten Schüler sieben Jahre alt sind. Im Anschluss daran wird der weiteren Lernentwicklung in der *primaria* der Weg bereitet. Auch hier arbeiten die Kinder teilweise jahrgangsübergreifend bis zur dritten Klasse. Diese Periode entspricht der Erziehung innerhalb der *Schule des Kindes*. Das Angebot der vierten Klasse musste aufgrund mangelnder finanzieller Ressourcen vor weniger Zeit eingestellt werden. Je nach Lernfortschritt, der nicht selten sehr eng mit der erzieherischen Leistungsfähigkeit des Elternhauses verknüpft ist, sind die Schüler bei Verlassen der *Escuela de Sueños de Luisa* zwischen neun und zwölf Jahre alt. Fortan besuchen sie reguläre öffentliche Schulen und zeigen in diesen nach Aussage der Koordinatorin für die Anwendung der Montessori-Pädagogik *Alma Palacios* häufig weit überdurchschnittliche Ergebnisse. Allerdings fällt vielen der Übergang in den ganz andersartigen, lehrerzentrierten Unterricht der öffentlichen Schulen zu Beginn sehr schwer.

Das Lehrpersonal besteht fast ausschließlich aus studierten, weiblichen Lehrkräften. Die meisten von ihnen haben bereits umfangreiche Erfahrungen aus der Lehrzeit an öffentlichen Schulen gesammelt. Jede von ihnen wurde erst durch die Tätigkeit in dieser Schule mit den Grundlagen und den unterrichtspraktischen Konsequenzen der Montessori-Pädagogik vertraut. Die umfangreiche Schulung hinsichtlich der Verinnerlichung der Ideen Montessoris nimmt zu Beginn der Lehrtätigkeit einen längeren Zeitraum in Anspruch. Allerdings entsprechen Art und Weise der Schulung nicht dem sonst standardisierten, zum *Montessori-Diplom* führenden 300-stündigen Ausbildungskurs. Die bereits erwähnte Koordinatorin für die Anwendung der Montessori-Pädagogik ist neben ihrer Tätigkeit als Lehrerin für die häufig, aber nicht regelmäßig stattfindenden Fortbildungsseminare zuständig. Auch eine dem Projekt nahestehende US-Amerikanerin veranstaltet einmal jährlich Workshops, die auf die Verbesserung der praktischen Anwendung von Montessoris pädagogischer Ansätze abzielen. Alle von mir befragten Lehrerinnen vertreten die Überzeugung, dass Montessoris Ideenwerk den Bedürfnissen der Kinder in besonders positiver

Weise gerecht wird und eine gegenüber dem regulären nicaraguanischen Schulsystem sig-
nifikant bessere Bildung ermöglicht – insbesondere durch die Vielfalt an materialisierten
Beschäftigungsmöglichkeiten und die Ermunterung zu aktiver, selbstbestimmter Persönlichkeitsentfaltung.

IV.2 Mathematische Bildung

Die Kinder wie auch die Erzieher der *Escuela de Sueños de Luisa* können auf ein mittler-
weile relativ umfassend Repertoire an Mathematikmaterialien zurückgreifen. Zu Beginn
der Umstellung auf die Montessori-Arbeitsweise reagierten die Lehrkräfte auf den noch
herrschenden Materialienmangel mit der Entwicklung und Konstruktion eigener Arbeits-
mittel. Einige hiervon sind noch immer im Gebrauch. So wurden beispielsweise Stangen,
Flächen und Würfel aus Holz analog zum Goldenen Perlenmaterial mit goldenen Punkten
versehen, die auf ebenso geometrisch nachvollziehbare Art und Weise innerhalb des Dezimalsystems die Dimensionen 10, 100 und 1000 anschaulich und begreifbar machen. Lediglich in ästhetischer Hinsicht stehen diese liebevoll aufbereiteten Holzgegenstände dem
neueren Goldenen Perlenmaterial in etwas nach. Durch das umfangreiche Sortiment ist es
den Lernbegleitern gelungen, eine mit vielen Anreizen ausgestattete Umgebung herzustellen, derer sich die Kinder in Eigenregie frei nach ihren Bedürfnissen bzw. nach erfolgter
Ermutigung seitens des Erziehers rege bedienen.

Die Heranführung an mathematische Inhalte beginnt ab dem Moment der Einschulung
in die Sektion *preescolar*. Im zugehörigen Klassenzimmer sind neben den von Montessori
geforderten kindgerechten kleinen Möbelstücken - kleine Tische und Stühle sowie Boden-
decken, auf denen mit manchen Materialien gespielt wird - auch die verschiedenen Sinnesmaterialien vorhanden, die für die Stimulierung und Kultivierung des mathematischen
Geistes angedacht sind. So ist es dem Kind möglich, sich mithilfe des Spielens mit dem
Rosa Turm Begriffe von *groß* und *klein*, mit der *Braunen Treppe* von *dick* und *dünn* und
mit den *Roten Stangen* von *lang* und *kurz* zu erschließen. Die Kinder absorbieren im spie-
lerischen Umgang mit diesen Materialien unbewusst Informationen bezüglich der Eigen-
schaften und Ordnungsstrukturen vorbenannter Gegensätze und der Abstufungen dieser.

Das Spielen mit den roten Stangen bildet die Voraussetzung zur Arbeit mit den ebenfalls in der Stufe des *preescolar* nutzbaren zweifarbigen *Numerischen Stangen*. Mithilfe
dieser im Verbund mit kleinen Ziffernbrettchen - ebenfalls aus stabilem Holz, mit bunten
Bemalungen versehen - lernen die Kinder den Zahlenbereich von 1 bis 10 kennen, der über

die Arbeit mit den kleinen Spindelkästen - auch diese aus stabilem Holz geformt – um die Zahl 0 ergänzt wird. Die Symbolische Form der Zahlen lesen und schreiben zu lernen geschieht über die Sandpapierziffern. Die Ziffern auf diesen kleinen Pappplättchen sind mit gefärbtem Sand verwirklicht, und können so in einem ersten Schritt erfühlt werden. Anschließend beginnen die Kinder häufig, die Form der Zahlen mit den Fingern auf ein mit Sand befülltes Tablett zu übertragen. In einem schon weiter fortgeschrittenen Entwicklungsprozess kommen mitunter Papier und Stifte zum Einsatz.

Über die Arbeite mit den Ziffernbrettchen und dazugehöriger Punkte, die von den Kindern in entsprechender Anzahl der richtigen Ziffer zugeordnet werden, erfahren die Kinder unbewusst von der Teilbarkeit gerader und ungerader Zahlen. Weiterhin befinden sich mehrere, ebenfalls aus Holz bestehende und ansprechend bemalte Spielgegenstände im Unterrichtsraum, die über ihre aufgegebenen Rätsel die Auseinandersetzung mit verschiedenen geometrischen Formen fördern. Kinder, die in ihrer Entwicklung weit fortgeschritten sind, leihen sich mitunter bereits das goldene Perlenmaterial aus der ersten Klasse der *primaria*. Es steht den Kindern generell jederzeit frei, entsprechend ihrer inneren Bedürfnissen von der Auseinandersetzung mit den Mathematikmaterialien in einen anderen Bereich zu wechseln, da Sprachmaterialien sowie künstlerische Elemente ebenfalls zur Verfügung stehen und zu deren Benutzung auffordern.

Die Arbeitsmaterialien der *primaria* sind bereits deutlich komplexer und warten mit einem höheren Grad an Abstraktheit auf. Als zentrales Arbeitsmaterial stößt das Kind hier auf das *Goldene Perlenmaterial*, welches von der Einerperle bis hin zum Tausenderkubus das bis zu vierstellige Dezimalsystem in Verbindung mit der visuellen Realisierung geometrischer Ordnungsgrößen bringt. Leider ist es mit dem vorhandenen Perlenmaterial nicht möglich, die einzelnen Bestandteile wie Legosteine konstruierend miteinander zu verbinden, um zum Beispiel eine Hunderterfläche aus neun Zehnern und zehn Einern herzustellen. Der einzige Vorteil gegenüber den bereits erwähnten selbstentwickelten Holzmaterialien ist die klarer ersichtliche Struktur des Perlenmaterials, da man durch die einzelnen Ebenen des Würfels hindurchsehen kann. Die Lehrkräfte wissen um diese Einschränkung und wünschen sich, dieses Material irgendwann austauschen zu können.

Mithilfe des *vierstelligen Kartensatzes* lassen sich im Zusammenspiel mit dem Goldenen Perlenmaterial lebenspraktische Anwendungen im Rahmen des meist zu zweit gespielten *Bankenspiels* realisieren. So bittet etwa ein Kind die personalisierte Bank mithilfe der Ziffern des Kartensatzes um die Herausgabe von *Gold* in Form des Perlenmaterials, welches ihm der *Bankangestellte* abhängig von den Dezimalstellen der Zahl im Kartensatz in den verschiedenen Größen des Goldenen Perlenmaterials überreicht. Später können diese dann wieder zurückgegeben werden. Auch das Erlernen von Addition und Subtraktion wird vom Goldenen Perlenmaterial begleitet, die Einführung von Multiplikation und Division hingegen vom farbigen Perlenmaterial. Mithilfe von Rechenrahmen, dem Markenspiel sowie den der jeweiligen Grundrechenart zugeordneten Schlangenspielen und Übungsbrettern werden die Logik dieser in sich abgeschlossenen, sich aber dennoch gegenseitig bedingenden Systeme einsichtig und verständlich gemacht. Das Kind hat die Möglichkeit, am selben Material nicht nur unendlich häufig und differenziert zu üben, sondern auch jenes grundlegendes Wissen - und Gefühl - über das Abstrakte hinter dem konkreten Material zu erwerben. So können die Schüler der *primaria* beispielsweise im Umgang mit dem *Streifenbrett* die Addition von Summanden üben, gleichzeitig aber auch die Gesetzmäßigkeiten der Addition - die Zerlegbar- und Vertauschbarkeit von Summanden - im Sinne einer *materialisierten Abstraktion* empirisch herleiten.

Eine Ergebniskontrolle findet - wie von Montessori als Ideal propagiert - meist durch das Entdecken eigener Fehler statt. Die Schüler bekommen bis zum Ende der dritten Klasse keine Noten. Dennoch müssen Sie in bestimmten Schlüsselkompetenzen bzw. wichtigen Teilaspekten der einzelnen Bereiche einen gewissen Grad an Entwicklungsfortschritt vorweisen, um gefahrenlos den Übergang zu einer öffentlichen Schule meistern zu können. Die Erzieher fertigen auf Basis ihrer Beobachtungen hierfür von Beginn des *preescolar* an für jedes Kind eine Übersicht an, die Aufschluss über den individuellen Fortschritt hinsichtlich bestimmter Spiele, Materialien sowie sozialer Kompetenzen gibt.

Das Materialangebot und die damit einhergehenden vielfältigen Anregungen und Beschäftigungsmöglichkeiten sorgen für ein gutes, freudiges Arbeits- und Lernklima. Laut Aussage der Lehrkräfte kommen die Kinder überwiegend gern und motiviert zu Schule und arbeiten häufig konzentriert. Beeinträchtigt wird die Lernumgebung etwas von der zu großen Anzahl an Kindern, die eine *Polarisation der Aufmerksamkeit* und ein Wiederholen der Übungen bis zum selbstbestimmten Beenden der Tätigkeit mitunter nicht zulässt.

V Fazit

Die pädagogischen Ansätze Maria Montessoris haben trotz ihres Alters in vielerlei Hinsicht nichts an ihrer Aktualität eingebüßt. Sie scheinen im Hinblick auf eine entwicklungspsychologisch angemessene Erziehungs- und Schulform nicht nur dem nicaraguanischen, sondern auch dem deutschen öffentlichen Schulsystem überlegen. Obwohl in vielen deutschen Schulen bereits diverse reformpädagogische Ansätze wie Freiarbeit Einzug gehalten haben, wird man den didaktischen Prinzipien der Schüler-, Handlungs- und Problemorientierung nur selten gerecht. Eben diese Prinzipien lassen sich ohne weitere Bedenken als die Grundpfeiler von Montessoris pädagogischer Praxis bezeichnen.

Da sich die Unterrichtsgestaltung an öffentlichen Schulen in Nicaragua häufig noch deutlich weniger an oben genannten Prinzipien orientiert, mutet das reformpädagogische Wirken der *Escuela de Sueños de Luisa* als umso kontrastreicher an. Dass gerade den durch Armut am meisten benachteiligten Kindern dieses fundamental andere Bildungsangebot zu Gute kommt, darf als gerechtigkeitsschaffender Ausgleichseffekt gewertet werden.

Die pädagogische Praxis hinsichtlich des Mathematikunterrichts an der *Escuela de Sueños de Luisa* zeigt, dass sich der auf Sinneserfahrungen und modellhaften Veranschaulichungen komplexer mathematischer Strukturen basierende Unterricht sehr erfolgreich einsetzen lässt, in den Kindern Spiel-, Arbeits- und Forschungsdrang weckt, und dem Anspruch Erkenntnis mithilfe selbstbestimmte Entfaltungsmöglichkeiten zu erlangen gerecht wird. Das Konzept stößt zwar im hohen Entwicklungsstadium an seine Grenzen, legt jedoch zur Erreichung dessen die entscheidenden Grundsteine.

VI Literaturverzeichnis

1. *Drenckhahn, Friedrich*, 1961: Die Idee von Maria Montessoris Materialien im Lichte der Didaktik der Mathematik, in: International Review of Education, Volume 7, Number 2, Seiten 174-186.

2. *Fuchs, Brigitta*, 2003: Maria Montessori. Ein pädagogisches Porträt. Weinheim.

3. *Klein, Gerhard*, 2005: Montessori-Pädagogik und Gehirnforschung, in: Montessori. Zeitschrift für Montessori-Pädagogik. Heft 03/2005. Aachen.

4. *Meyer, Hilbert*, 2008: Was ist guter Unterricht? Cornelsen, Berlin[5].

5. *Menges, Robin*, 2009: Montessoripädagogik – Die Entdeckung des Kindes. unter: http://www.uibk.ac.at/ils/downloads/lernkulturen/montessoripaedagogik.pdf

6. *Montessori, Maria*, 1910: Milch und Liebe: Der psychische Embryo, in: Oswald, Paul/Schulz-Benesch, Günter (Hrsg.) 2006: Grundgedanken der Montessori-Pädagogik. Aus Maria Montessoris Schrifttum und Wirkkreis. fgb, Freiburg[20].

7. *Montessori, Maria*, 1916: Die Entdeckung des Geistes (Die Polarisation der Aufmerksamkeit), in: Oswald, Paul/Schulz-Benesch, Günter (Hrsg.) 2006: Grundgedanken der Montessori-Pädagogik. Aus Maria Montessoris Schrifttum und Wirkkreis. fgb, Freiburg[20].

8. *Montessori, Maria*, 1930: Sensitive Perioden bei Jugendlichen, in: Böhm, Winfried (Hrsg.) 1990: Maria Montessori. Texte und Gegenwartsdiskussion. Klinkhardt, Bad Heilbrunn[4].

9. *Montessori, Maria*, 1934: Grundgedanken meiner Pädagogik, in: Oswald, Paul/Schulz-Benesch, Günter (Hrsg.) 2006: Grundgedanken der Montessori-Pädagogik. Aus Maria Montessoris Schrifttum und Wirkkreis. fgb, Freiburg[20].

10. *Montessori, Maria*, 1938[a]: Das Kind in der modernen Gesellschaft, in: Oswald, Paul/Schulz-Benesch, Günter (Hrsg.) 2006: Grundgedanken der Montessori-Pädagogik. Aus Maria Montessoris Schrifttum und Wirkkreis. fgb, Freiburg[20].

11. *Montessori, Maria*, 1938[b]: Die vier Stufen der Erziehung, in: Böhm, Winfried (Hrsg.) 1990: Maria Montessori. Texte und Gegenwartsdiskussion. Klinkhardt, Bad Heilbrunn[4].

12. *Montessori, Maria*, 1948: Das Montessori-Gymnasium, in: Oswald, Paul/Schulz-Benesch, Günter (Hrsg.) 2006: Grundgedanken der Montessori-Pädagogik. Aus Maria Montessoris Schrifttum und Wirkkreis. fgb, Freiburg[20].

13. *Montessori, Maria*, 1949: Kind und Welt: Der absorbierende Geist und die sensiblen Perioden, in: Oswald, Paul/Schulz-Benesch, Günter (Hrsg.) 2006: Grundgedanken der Montessori-Pädagogik. Aus Maria Montessoris Schrifttum und Wirkkreis. fgb, Freiburg[20].

14. *Montessori, Maria*, 1967: Grundgedanken der Montessoripädagogik. Herder, Freiburg.

15. *Montessori, Maria*, 1978: Das kreative Kind. Der absorbierende Geist. Herder, Freiburg[4].

16. *Montessori, Maria*, 1996: Grundlagen meiner Pädagogik. Quelle und Meyer, Wiesbaden.

17. *Montessori, Mario*, 1961: Maria Montessori's contribution to the cultivation of the mathematical mind, in: International Review of Education, Volume 7, Number 2, Seiten 134-141.

18. *Oprzut, Kathrin*, 2003: Das mathematische Material von Maria Montessori. unter: http://www.seminar-becker.de/Hauptskripte1/Paedagogische%20Skripte/ Obrzut%20Montessori%20Mathematikmaterial.doc

19. *Raapke, Hans D.*, 2003: Profil der Montessori-Pädagogik und ihrer Einrichtungen.
Oldenburg.

unter: http://www.montessori-bonn.de/Profil%20der%20Montessori-Paedagogik.pdf

20. *Singer, Wolfgang*, 2003: Was kann ein Mensch wann lernen? in: W. Fthenakis
(Hrsg.): Elementarpädagogik nach Pisa. Herder, Freiburg.

21. *Thom, Sandra*, 2009: Der mathematische Geist als Wirkkraft entdeckenden Lernens
im Mathematikunterricht Maria Montessoris.

unter: http://www.mathematik.tu-dormund.de/ieem/cms/media/BzMU/BzMU2010/
BzMU10_THOM_Sandra_Montessori.pdf

22. *Vester, Frederic*, 1978: Denken, Lernen, Vergessen. DTV, München.